Collection du Bibliophile Parisien

La Seine
et les Quais

Promenades d'un Bibliophile

par

GABRIEL HANOTAUX

de l'Académie Française

Frontispice à l'eau-forte

par

A. ROBIDA

PARIS

H. DARAGON, Libraire

10, Rue Notre-Dame de Lorette, 10

1901

La Seine et les quais

Il a été tiré de cet ouvrage

TROIS CENT SOIXANTE-QUINZE EXEMPLAIRES :

10 exemplaires sur papier du Japon (A à J).
avec frontispice en triple état
5 exemplaires sur papier de Chine (K à O).
avec frontispice en triple état
10 exemplaires sur papier de Hollande (P à Y).
avec frontispice en double état
350 exemplaires sur alfa vergé (1 à 350).

N° *134*

LA SEINE ET LES QUAIS

DRAGON ÉDITEUR

A.Robida del et sculp

A.Maire imp

Collection du « Bibliophile Parisien »

La Seine
et les quais

Promenades d'un Bibliophile

PAR

Gabriel HANOTAUX

de l'Académie Française

FRONTISPICE A L'EAU FORTE

par

A. ROBIDA

PARIS

H. DARAGON, Libraire

10, Rue Notre-Dame-de-Lorette, 10

1901

AVANT-PROPOS

Voici quelques notes sur Paris, que j'ai prises au cours de mes promenades quotidiennes, dans le temps de l'Exposition de 1900. Comme c'est déjà loin !

Un journal les a publiées. Un livre les recueille. L'honneur est grand. Mais baste ! quelques rames de papier noirci, ce n'est pas une affaire : il s'en imprime bien d'autres.

On trouvera, dans ces notules, quelques croquis d'après des paysages parisiens déjà disparus. Paris est toujours en mue. Son aspect est changeant comme son ciel et comme le caractère de ses habitants. Les ruines de la Cour des Comptes

1.

ont péri ; l'Esplanade des Invalides
est transformée ; quant aux quais
qui étaient, il y a deux ans, discrets et tranquilles, ils sont, maintenant, bruyants et reluisants comme
des parvenus. Le cheval de fiacre
frappe du pied l'asphalte, en s'ar-
rêtant devant la nouvelle gare
d'Orléans, comme devant un portique
de Palais.

Vers l'année 1900, Paris a fait une
grande toilette. Le voilà tout battant
neuf. Dans ce Paris nouveau, il y a
du bon et du mauvais. D'aucuns
regrettent le passé. — J'aurais voulu
plus d'avenir encore, et des ouvertures
plus larges et une circulation plus
facile et un ciel plus vaste.

Paris a un devoir de beauté ; Paris
a un devoir de goût. Nos architectes
ne le sentent pas toujours assez.....
ou, peut-être, ils le sentent trop. Ils
manquent de simplicité, de calme et
de bonhomie. S'ils vivaient davantage
de notre vie familière, ils arrange-

raient, sans tant de tapage, la figure
du Paris que nous rêvons, sans
déranger celle du Paris que nous
aimons.

De l'air, de la lumière, et des
fleurs ; de la mesure et du bon sens ;
une activité modérée, aisée et calme,
c'est, pour Paris, le rêve de tout
Parisien. Que faudrait-il pour le
réaliser ? — Un peu plus de simplicité et un peu moins de « génie ».

    ... Mais je voudrais, parmi,
   Quelque doux et discret ami,
comme dit l'autre.

Les livres sont des amis, et je les
ai laissés dans le paysage ; car Paris
est la seule ville du monde qui ait sa
bibliothèque en plein air. Les boîtes
des quais font partie de nos perspectives. Elles accompagnent les profils
du Louvre et font un premier plan
aux galeries et aux tours de Notre-
Dame.

Il faudrait, aussi, quelque remous

*de foule, un attroupement populaire,
un groupe ramassé et dissipé en un
clin d'œil. Qu'à cela ne tienne : j'ai
mis un chansonnier dans un coin.
Paris a toujours chanté. Quand il
est heureux, il chante ; et il chante
encore quand il est malheureux...*

*Décidément, c'est un joli pays
que celui où les livres ne sentent
pas le moisi, et où, — je veux bien le
croire, — « tout finit par des chansons ».*

G. H.

La Seine et les quais

I

Les quais de Paris en 1899.

Il y a, probablement, peu d'habitants de Paris — j'allais dire peu de provinciaux de Paris — plus sensibles que je ne le suis à la cruelle blessure qui balafre, en ce moment, la rive gauche de la Seine. Dans la ville immense et animée, toute à ses affaires et à ses plaisirs, il faut, aux hommes d'étude, un refuge, une retraite où ils laissent errer leurs pas nonchalants, où leurs yeux aient l'agrément de quelque verdure, où l'esprit, au repos, ne soit pas cepen-

dant entièrement exilé de ce qui fait
son occupation habituelle. Ce lieu
d'élection, ce coin de campagne ou
de province, nombre de Parisiens,
dont je suis, le trouvaient sur le
quai de la rive gauche.

Le quai est frais en été, un peu
froid en hiver. La brise de la Seine
y souffle. On relève le col. On y est
très bien pour juger du vent et du
temps, merveilleux sujets de conver-
sation.

Pour ses habitués, le quai a des
douceurs qui tiennent à la beauté du
site et, plus encore, aux charmes de
l'habitude. La vue du Louvre, à tra-
vers les branches des arbres dénudés,
— tel un fusain d'Allongé — donne
au décor une grâce majestueuse et
noble. Les perspectives sont bien
dessinées par les plans successifs
que font, d'abord les arbres du quai,
puis ceux de la berge, puis ceux de
l'autre rive, et enfin le motif recti-

ligne des galeries monumentales s'en-
fuyant vers la Cité.

Après le déjeuner, de deux à trois,
on va devant soi, le cigare aux lèvres, le parapluie sous le bras, les
mains dans les poches. Les braves
gens qui gardent les boîtes des quais
sont accueillants. Les vieux messieurs qui longent les boutiques, at-
tentifs aux meubles anciens et aux
médailles, sont un peu usés, mais
polis. Ils se dérangent pour laisser
passer les dames et damoiselles qui
ramassent la jupe, au saut de la rue
Bonaparte, dans leur perpétuel va-et-
vient du Bon Marché au Louvre et
du Louvre au Bon Marché. Tout cela
fait un tableau, et même un spectacle, pas bien vif, pas bien animé,
mais si calme et si reposant !

Entrer chez Champion ou chez
Belin, rencontrer Claretie, Sardou
ou Heredia, feuilleter un livre d'heures, discuter sur une reliure de Ruette
ou de Padeloup, écouter, du mon-

sieur qui entre et sort, un mot qu'on note et qu'on oublie aussitôt, c'est, comme dit Sardou, « faire son Bergeret » : plaisirs suffisants pour beaucoup de braves gens qui se délassent les jambes et le cerveau avant de regagner le cabinet capitonné de livres où va recommencer le vis-à-vis journalier et pas toujours récréatif, de l'écrivain et du papier.

Ces plaisirs innocents, on nous les enlève, un à un. Nous avons vu partir les premières boîtes des bouquinistes ; elles ont émigré sur l'autre rive. Puis, on a défoncé les chaussées, encombré les quais, creusé le sous-sol, surhaussé les trottoirs, encavé les boutiques. Avant d'entrer à la « Croix de ma Mère », il faut faire le signe de la croix, tant le passage est périlleux.

Sous les pieds, le sol tremble; on entend des coups sourds et profonds. En terre, quelqu'un creuse et chemine comme le spectre d'Hamlet.

Puis, nous avons vu s'avancer ces horribles cloisons vertes dont l'Exposition s'est entourée ; puis, comme dans *Macbeth*, les arbres eux-mêmes se sont mis en marche. Ils s'en sont allés, debout, brandissant dans l'air leurs moignons désespérés. On eût dit qu'ils menaçaient quelqu'un. Serait-ce M. Picard ? Quoi qu'il en soit, ils sont partis et nous, nous partons aussi, l'un après l'autre.

Il y avait là les ruines de la Cour des Comptes : belles ou laides, je ne sais ; on y était habitué. Une forêt vierge avait poussé entre les pierres. La flore en était si abondante et si variée qu'on en avait, paraît-il, fait un livre. Des bêtes vivaient tranquilles parmi ces ruines. Le moineau de Paris et le ramier, et le merle, s'y étaient installés ; ils étaient là comme chez eux. Dans certains mois, à la tombée du jour, il arrivait, du côté du couchant, du côté de la mer, de grands vols de petits oiseaux, qui,

2

par milliers, s'abattaient sur les murs calcinés. Là, ils se reposaient et, avant de mettre la tête sous l'aile, se querellaient comme un Parlement. Ils seront bien surpris, les petits oiseaux, quand ils vont revenir, au printemps. A la place de leur gîte habituel, ils trouveront le chantier de la future gare d'Orléans.

Eh bien ! on nous a traités comme les ruines et comme les oiseaux ; on nous chasse. Nous avons filé, la tête basse, fuyant le quai dénudé, blanc, morne et sec, en proie à la poussière et au soleil, qu'aucun arbre n'abrite ni n'estompe ; et nous repensons au spectacle varié, animé et paisible dont nous avons joui si longtemps et que nos neveux ne connaîtront pas.

Au bout du quai, il y a cette Esplanade des Invalides dont on a tant parlé depuis quelques jours. D'aucuns la trouvaient grande et belle, dans sa nudité rectiligne. J'avoue qu'elle m'ennuyait. Mais, en somme,

elle avait son caractère, et, selon la
remarque de M. Denys Cochin,
qui est un poète, on se disait que
Louis XIV et Napoléon avaient passé
par là. Ça vous fait toujours de
l'effet.

Je l'ai vue périr, l'Esplanade, et
voici comme. J'habitais, en ce temps-
là, au quai d'Orsay. Un beau matin
de printemps, j'étais sur le perron,
le pied levé pour me rendre au Conseil. Je vis... était-ce une hallucina-
tion ? je vis, devant moi, les arbres
qui titubaient, chancelaient, et puis
tombaient l'un après l'autre. Au pied
de chacun d'eux, il y avait des hommes qui travaillaient hâtivement.
Ce coup d'État sylvestre, qui s'ac-
complissait sous mes yeux, remplit
mon âme d'horreur. Vite, je me ren-
dis au Conseil. J'avais, alors, pour
collègue, au ministère des travaux
publics, un charmant homme, un
peu inexpérimenté et très désireux
de bien faire. Dès l'entrée, je m'écriai,

peut-être un peu trop vivement :
« Mais on coupe les arbres de l'Esplanade ! » Il me regarda quelque
temps, comme pour se rendre compte
de ce qui se passait, puis il me dit
avec douceur : « Non, monsieur. —
Comment, non ? J'en viens. Ils sont à
terre. Je les ai vus. » Il répéta dou-
cement : « Non, monsieur. » Et il
ajouta : « Ce n'est pas possible ; j'ai
le dossier, là, dans ma serviette. »
Je n'insistai pas et on s'occupa d'autre chose.

A la sortie, j'allai trouver mon
homme et je lui parlai de telle façon
qu'il parut ébranlé : « Allons voir, »
me dit-il. — « Allons voir. » Sur
le pont de la Concorde — vous
entendez, sur le pont de la Concorde
— nous rencontrons un haut fonc-
tionnaire des Travaux Publics. Nous
l'arrêtons, et je lui dis, à lui aussi :
« On coupe les arbres des Invalides.
— Pas du tout », répliqua-t-il. —
« C'est trop fort... » Il insista :

« Ce n'est pas possible ; jugez-en
vous-même ; j'ai le dossier dans ma
serviette. » Il avait, en effet, une
énorme serviette sous le bras. Il fit
le geste de l'ouvrir ; je l'arrêtai :
« Si nous allions voir ; il n'y a qu'à
tourner l'angle du quai. » Nous fîmes
quinze pas. Il fallut bien se rendre à
l'évidence. Les arbres étaient à terre.
Il n'en restait plus un sur l'espace
qu'occupe la gare actuelle. Nous
nous approchâmes. C'étaient de pauvres arbres, pourris jusqu'à la moelle,
n'ayant plus que l'écorce, de pauvres
arbres centenaires et poitrinaires, qui
n'en avaient pas pour longtemps. On
me le fit observer. J'en convins vo-
lontiers. Mais, c'en était fait : l'Esplanade était morte.

Donc, je suis sensible, autant que
personne, à ces pertes douloureuses ;
je réciterai, au besoin, les vers de
Ronsard :

Ecoute, bûcheron, arrête un peu le bras ;
Ce ne sont pas des bois que tu jettes à bas...

2.

Je prendrai, si l'on veut, à Paul-
Louis Courier, sa citation de Catulle :
Lugete, veneres cupidinesque... Mais,
ceci dit, il faut bien se faire une
raison.

Or, la raison est, incontestable-
ment, du côté des destructeurs et
des massacreurs. Il est temps que
Paris se le dise : Paris n'est plus
digne de Paris. Pour le confortable
de la vie, pour le mouvement des
rues, pour leur largeur, pour l'éclai-
rage, pour les transports en chemin
de fer, en omnibus et en tramway, en
un mot pour tout ce qui facilite l'existence d'une grande ville, Paris s'est
laissé dépasser. Nos édiles voient
petit, étroit, au jour le jour. *Point de
lendemain* paraît être leur devise,
comme dans le conte de Vivant
Denon. Nous en sommes encore à
démolir tout un quartier pour faire
des rues de vingt mètres — par exemple la rue Réaumur, à peine ouverte,
déjà trop étroite. Nos nouveaux bou-

levards sont encombrés avant d'être achevés. Le boulevard Haussmann ne se perce pas. Le « Tout à l'égout » attend toujours. Il y a des quartiers, comme les rues Saint-Denis et Saint-Martin, qui n'ont pas bougé depuis des siècles. On nous garde un Paris vieillot et province en diable, tout cela sous prétexte de respecter les perspectives. La belle affaire!

Il y a cinquante ans, du temps où se préparaient les grands travaux de M. Haussmann, tous les pamphlétaires de l'opposition et quelques romantiques attardés se plaignaient qu'on mît la pioche dans les effroyables taudis que nous avait légués le moyen âge, et qu'on fit circuler l'air et la lumière dans des quartiers qui remontaient au règne de Charlemagne, empereur à la barbe fleurie.

Que n'a-t-on fait davantage? Colbert avait conçu le projet de démolir tout un quartier devant le Louvre, de façon à créer, en plein Paris, un

jardin rejoignant le Palais des rois
à l'Hôtel de Ville. Que n'a-t-on exé-
cuté son projet?

Si Paris veut tenir son rang, il
faut qu'il accepte franchement ses
devoirs et ses fonctions de grande
capitale et qu'il prenne son parti de
s'élargir, de s'ouvrir, de s'étendre,
conformément à un plan grandiose et
hardiment conçu. Sinon, nous pa-
taugerons, c'est le cas de le dire,
dans les siècles des siècles.

L'occasion, en ce moment, est
unique, puisque les travaux qui pré-
cèdent et, surtout, ceux qui suivront
l'Exposition coïncident avec la déci-
sion prise de démolir la ceinture des
fortifications du côté de l'Ouest.

Paris va vers l'Ouest, c'est en-
tendu ; et pourquoi l'arrêter ? Paris
n'est plus, d'ores et déjà, une ville
de trois millions d'âmes. En fait, il
dépasse cinq millions d'âmes. Il englobe le bois de Boulogne, Ville
d'Avray, St-Cloud, et je dirai tout,

il englobe même Versailles. De
l'autre côté, il va jusqu'à la boucle
de la Marne. Au Nord, il prend As-
nières et Bois-Colombes, et, d'autre
part, Vanves, Clamart, Meudon et
Sceaux. Voilà la vérité vraie : tous
ceux qui vivent dans cet espace sont
des Parisiens.

Eh bien, il faut, tout bonnement,
leur faciliter l'accès de Paris. Il y a
lieu de concevoir, dès aujourd'hui,
de grandes voies allant de Vincen-
nes à Versailles et de Sceaux à
Enghien, utilisant parfois les rues
anciennes, le plus souvent se sub-
stituant à elles, ayant sur leurs
bas-côtés, dans leurs sous-sols, au
besoin sur des balcons qui les longe-
raient, tout ce qui peut faciliter et
rendre rapide, agréable et bon marché, le transport en commun.

Se fait-on l'idée de ce que pourrait
être une voie triomphale reliant,
dans ces conditions, la place du
Trône à Auteuil et à Versailles —

quitte à bousculer quelques-unes des
« perspectives » de la rue de Rivoli —
et répandant le flot de ses habitués d'une part dans la boucle de la
Marne et, d'autre part, sur les délicieux coteaux de Sèvres, de Meudon
et de Ville-d'Avray !

Au passage, elle rattache ses
voies ferrées à la grande gare cen-
trale, établie franchement au Palais
Royal. C'est là que le Nord, le Midi,
l'Est et l'Ouest envoient leurs produits par les prolongements de toutes
les lignes actuelles, rayonnant vers
ce centre commun ; et c'est là que
Paris travaille, s'approvisionne et
se groupe un moment, pour se dis-
perser bientôt aux quatre points car-
dinaux.

Savez-vous, qu'à Londres, il entre,
quotidiennement, dans la Cité,
2.400.000 personnes qui viennent à
leurs affaires et qui, le soir, prennent
le train pour rentrer « at home » !
Voilà quelle doit être désormais la

vie des grandes capitales — un centre d'affaires d'une activité puissante et ordonnée, et, tout autour, des faubourgs pleins de calme, de fraîcheur et de repos.

On reproche à l'Exposition de troubler la vie du vieux Paris, on regrette quelques coins aimables et discrets, chers aux délicats. On en veut à M. Picard de traiter la Ville en ingénieur qui applique partout ses niveaux et ses cordeaux. Peut-être regretterons-nous bientôt que, pendant qu'il y était, il n'en ait pas fait davantage.

Oui, le Paris provincial où nous avons vécu avait du bon. Mais je vois, devant nous, un Paris-Capitale, où la Seine amène de Rouen et du Havre les bateaux remontant le fleuve sans rompre charge, où des rues vastes, aérées, spacieuses sont réservées aux piétons, aux automobiles et aux attelages de luxe, s'il en existe encore, où tout le travail

grossier se fait sous terre, où le sol
retentit de l'écho vibrant des rails,
des plaques et des disques, où l'électricité, prompte et propre, dessert les
boutiques, les maisons et les apparte-
ments, où les trains bourdonnent
aux coins des rues, allant vers leur
ruche commune du Palais-Royal, où
les hôtels sont nombreux et confor-
tables, où le matin et le soir, vont
et viennent, en longues théories, les
Parisiens amenés de loin en quelques minutes et rentrant, le soir, en
leur logis entouré de verdure où ils
prennent le frais sous l'ormeau.

Ce rêve est-il réalisable ? Pourquoi pas ? Il suffit d'une volonté
forte pour mettre toutes les autres en
mouvement. L'argent ne manque
pas ; il est si bon marché ! Déjà,
d'ailleurs, le branle est donné : voilà
le Métropolitain qui se creuse ; voilà
deux des grandes lignes de chemins
de fer qui pénètrent jusqu'au centre.
On a remplacé ce vilain Palais de

l'Industrie par des constructions qui
couvrent cinq hectares de leurs
masses blanches, et où les foules de
Paris pourront, du moins, se rencontrer. L'électricité aura son triomphe
dans les galeries de la prochaine
Exposition. Ce sont là plus que des
symptômes.

Mais le Conseil municipal hésite-
rait, dit-on, à entrer dans les idées
nouvelles. Pourquoi ? Cela m'étonne.
Il y a là des hommes qui ont de l'avenir dans l'esprit. Je ne vois pas pourquoi ils ne seraient rétrogrades que
quand il s'agit d'architecture et de
voirie. D'ailleurs, la nécessité est la
plus forte. Le progrès trouve toujours son heure.... Il suffit de ne
pas la lui faire attendre trop longtemps.

Pour moi, j'ai confiance, et je
suis assuré que nous n'avons pas à
languir indéfiniment sous l'orme,
sous l'orme de M. Bergeret, — et

3

que ce qui est ne durera pas, quoi qu'on en dise, « tant que M. Alphand sera mort ».

II

La Seine et les quais en 1900.

Un an passé, et tout est trans-
formé.

Par le pont Alexandre-III et par
l'avenue Nicolas-II, l'Exposition a,
pour ainsi dire, ouvert Paris. Une
immense nappe de lumière tombe
au milieu d'un quartier autrefois dé-
sert et noir. Le soleil couchant laisse
traîner ses rayons sur la Seine avant
d'envelopper l'Arc de Triomphe de
sa pourpre magnifique. Le règne de
la Splendeur s'est accru. Mais il
faut bien avouer que la Seine, tandis
que les horizons s'élargissent au-
dessus d'elle, paraît d'autant plus
étroite et pauvre.

Elle coule, rapide et pressée, dans
son étroit canal de pierre ; ses berges
sont âpres comme des fortifications
et ses quais rudes comme des bas-
tions. Entre l'eau et la terre, il n'y
a pas de contact. Des escaliers en
casse-cou conduisent aux bateaux-
pontons mesquins et délabrés, qui
geignent sur leurs amarres. Et les
autres bateaux, ceux qui « vont sur
l'eau », tiennent le courant et fuient
les bords dont ils appréhendent la
caresse de granit. Les deux quais
droits compriment la nymphe fluide
qui passe en pleurant sous les ponts.
Ils la tiennent garrottée, les menottes
au poignet, comme des agents paral-
lèles qui mèneraient au poste une
cliente en larmes, de Monsieur le
préfet de police.

Aussi la Seine triste, fait, trop
souvent, au milieu du riant Paris,
une assez triste figure. Elle ne s'anime
guère que le matin, quand l'aurore,
se levant au-dessus de Notre-Dame,

couvre ses eaux d'une soudaine et rapide jonchée de roses, et le soir, quand le soleil couchant jette, avant de partir, les dernières poignées de pivoines, de tulipes multicolores et d'anémones.

Parmi les Parisiens, quels sont ceux qui fréquentent la Seine ? Bien peu. Les bons savants ou les braves potaches, la tête penchée sur les boî- tes, le dos rôti au soleil ; les employés hâtifs qui tâchent de rattraper, au rapide passage des ponts, le retard journalier de la paresse matinale ; les pêcheurs à la ligne, corporation réputée pour sa philosophie résignée, et — toute révérence gardée — les chiens qu'on mène au bord de l'eau pour qu'ils soient déshabillés en lions.

Le quai est trop haut et la rivière est trop loin. Entre elle et le passant aucune familiarité. Pourtant, il n'en fut pas de même, toujours. Jadis — les histoires en font foi — c'était

3.

une distraction chère aux Parisiens
d'aller, sur les bords de la rivière,
« pour voir l'eau couler ». On partait
en bandes et on allait s'asseoir, en
famille, vers l'Arsenal, ou bien dans
l'île Saint-Louis, toute couverte de
chantiers de bois ; ou bien à la pointe
du pont Neuf où l'on voyait le singe
de Brioché et où eut lieu le fameux
duel de Cyrano ; ou bien, plus bas, en
suivant le fil de l'eau, sur les verdures
du Pré-aux-Clercs, dans l'île des
Cygnes qui s'appelait alors d'un nom
que les oreilles d'aujourd'hui ne
pourraient plus entendre, mais qui
paraît bien indiquer qu'on ne s'y
ennuyait pas.

Il y avait, tout le long des deux
rives, des lieux de plaisance où l'on
voyait accourir le monde qui s'a-
muse. La bonne Reine Marguerite,
digne sœur de Henri III et femme
non indigne de Henri IV, cette
grosse et fine mouche en qui respire toute la gaieté et la liberté du

XVIe siècle finissant, n'eut-elle pas la
fantaisie de faire, de ses jardins du
bord de l'eau, un lieu de plaisance
pour que les belles filles de Paris
vinssent s'y ébattre librement ? C'était
un Moulin Rouge royal, réservé,
d'ailleurs, à de tout autres destinées ;
car c'est sur ces jardins qu'on vit,
plus tard, s'élever la Monnaie et, si
je ne me trompe, un des pavillons du
grave Institut.

Un peu plus haut, au quai des
Grands-Augustins, il y avait une
promenade plantée d'arbres, où les
seigneurs et les dames, les hommes
d'épée, les hommes de robe et le
bourgeois venaient se promener ga-
lamment, échangeant, selon le temps
et les modes, les plaisanteries salées
ou les propos musqués. On voit, dans
les estampes de Callot, les dames en
vertugadins, serrées dans le corps de
baleine, la figure voilée du « mimi »,
se promenant deux par deux, tandis
que des cavaliers qui passent s'incli-

nent et traînent dans la poussière les plumes du chapeau qui salue profondément.

Les après-diners d'été sur la berge étaient délicieuses. Paris venait là prendre le frais, entendre et dire les nouvelles. L'eau poussait, jusqu'aux pieds du promeneur, son bavard clapotis. Le gazon courait tout le long de la rivière ; les gamins faisaient des ronds dans l'eau. Paris et la Seine étaient en contact perpétuel et amical. Du côté des Tuileries, la campagne et la ville se confondaient ; du côté de l'Arsenal, le Mail versait sur la rive ses ombres profondes. Je cite mes auteurs :

> Mais quel caprice nous transporte
> A la campagne sans besoin ?
> Nous l'allons chercher, Dieu, bien loin,
> Et nous l'avons à notre porte,
> Ce promenoir qui sert de jeu.
> Attend qu'on le caresse un peu ;
> On dit qu'il n'en est pas indigne,
> Et que, d'arbres tout revêtu,
> Il seroit droit comme une ligne
> S'il étoit un peu moins tortu.

Telle était la bonhomie de la vieille ville, avant que les ingénieurs ne s'y fussent mis. Ils ont beaucoup amélioré, mais ils ont beaucoup gâté. Il fallait préserver Paris des inondations : on construisit les quais. Ce fut un grand bienfait assurément. Mais la pauvre Seine en pâtit ; et, depuis, elle est emprisonnée, loin des yeux, loin du cœur, tandis qu'il serait possible, peut-être, de lui rendre un peu de son charme et de lui prendre un peu de son agrément.

On m'a dit que, lorsqu'il fut question de construire les quais (les grands travaux commencèrent, je crois, au XVIIIe siècle), quelqu'un proposa, qu'au lieu de les surélever par la rampe de pierre épaisse et lourde qui les couronne, on les surmontât d'une balustrade à jour, régnant d'un bout à l'autre, comme celles qu'on voit au jardin des Tuileries L'idée était simple et jolie. Si on l'eût suivie, on eût donné à Paris une physionomie légère, gracieuse, aérienne. Mais les ingénieurs ne voulurent rien entendre.

Peut-être, aussi, avaient-ils leur raison. En ce temps-là, la batellerie était traînée par le halage. On voit sur la rampe du quai la barre de fer destinée à protéger la pierre contre les morsures de la corde, et des anneaux de fer, encastrés dans le mur, attendent encore les lourds chalands qui apportaient à Paris les blés de l'Oise et les vins débarqués à Rouen. Peut-être était-ce donc une nécessité. Mais, aujourd'hui, pourquoi garder ce massif appareil? Pourquoi ce mur dur et froid? Pourquoi cette rigidité épaisse, quand un rien donnerait l'élégance et la grâce?

Parmi tant d'autres effets inattendus, l'Exposition a eu ce premier résultat de ramener le Parisien sur les bords de la Seine ; non pas sur les quais maussades, mais sur les berges familières et douces. On va dîner aux

« Nations » ; on entend de la musique ; on fume la cigarette, dont le
vent de la Seine effiloche la fumée ;
on regarde les bateaux qui montent
et descendent, et, Dieu me pardonne,
on regarde aussi « l'eau couler ». Ces
heures pourraient être charmantes
si elles n'étaient accompagnées, pour
le moment, du terrible grondement
que fait l'Exposition en roulant sur
nos têtes. Mais il n'est pas interdit de
rêver une sorte de permanence à
l'aménagement provisoire qu'une circonstance heureuse a créé.

Justement, voici maintenant que
la Seine s'est purifiée. Le tout-à-
l'égout clarifie ses eaux. Regardez-la.
Elle coule presque transparente,
comme si elle voulait se faire belle
pour l'heure où l'attention revient
vers elle. On dirait que, parmi ses
eaux plus claires, on voit reparaître et
glisser, peureuse, la « Naïade aux
yeux verts » que chantaient encore
les contemporains de Louis XIV.

La Seine redevient belle ; ne pourrait-on pas l'embellir encore? Ne
pourrait-on pas rompre la ligne mo-
notone des quais? Ne pourrait-on pas
ajourer le mur odieux et inutile qui
coupe la ville en deux? Ne pourrait-
on pas disposer quelques escaliers élé-
gants donnant accès à la berge ? Sur
la berge, ne pourrait-on pas, sans
nuire à la batellerie et au commerce,
disposer des gazons, des jardins ?
Parmi ces jardins, ne pourrait-on pas
laisser s'établir des restaurants, des
guinguettes, des cafés, des bancs
commodes, où le Parisien qui ne peut
s'échapper, le soir ou le dimanche,
viendrait du moins prendre le frais,
côté nord en été, et lézarder au soleil,
côté sud, quand les froids commen-
cent à piquer ?
La Seine quitte les coteaux riants
de la Bourgogne. Elle se hâte vers
les verdures de la Normandie. Elle
traverse Paris, « la grand' ville ».
Qu'y voit-elle? Des murs ! Elle ha-

lête sous le poids des bateaux qui
filent, et, vite dégoûtée, s'enfuit.

Parisiens, pourquoi ne descendez-
vous pas vers elle ? La nature vous
l'a donnée. Gardez-la, ou du moins
regardez-la. Faites-lui la compagnie.
Vivez plus près d'elle. Arrangez,
pour elle, un lit de verdure. Laissez-
la prendre ses aises. Adoucissez-lui
le chemin. Attardez-vous près d'elle
et retardez-la parmi vous ; et, puisque le temps n'est plus de ces « prés
fleuris » dont parlait Madame Des-
houlières, rendez-lui, du moins, l'il-
lusion des fleurs.

4

III

Les quais en fleurs.

La fleur est la plus simple, la plus souple, la plus splendide et la plus éphémère des parures. Femme, maison ou cité, quand il s'agit d'achever une beauté et de lui donner la grâce suprême, c'est le jardinier qui arrive et qui couronne l'œuvre avec ses fleurs.

Le jardinier est un bon diable. Il est doux et uni comme ses plates-bandes. Chapeau de paille jaune et tablier bleu, il ne fait pas de bruit. Il vient seulement quand les autres ont fini. Il attend la dernière heure, la dernière minute. Dans un coin, il cache son jeu. Les autres crient, tapent, grincent, scient, jurent et font un bruit d'enfer ; lui prend le temps comme il vient, et patiente.

Mais le voici. Alors, de sa main calleuse et douce, il aplanit les terreaux, étale les gazons, pique les tiges, plante les arbres, dispose les perspectives, étend et ennoblit les horizons. Avec l'armée de ses petits pots rouges qui semblent autant de képis qui couvrent le sol, il se glisse à ras de terre, creuse son fossé, pousse sa mine et sa contre-mine, élève ses parapets, tend ses cordeaux et ses treillis, envahit les hauteurs et, enfin, il y déploie, vainqueur, l'étendard éclatant des massifs. Quand c'est fini, modeste, il rentre dans son coin et, suivant le précepte du sage, « il cultive son jardin ».

Souvenez-vous de ce qu'était Paris tandis que l'on construisait l'Exposition. Quel gâchis ! quelles

fondrières ! Des tramways aux rails
mi-arrachés et coupant comme des
lames couraient encore sur le terrain,
la veille de l'ouverture. Des ornières
effroyables creusaient leurs sillons
partout, se croisant et s'entrecroisant
sur le sol comme des rides sur la
main fatiguée d'un vieillard ; les
palais et les murs se confondaient
encore avec le sol défoncé et tout
meurtri à leurs pieds. L'immense
construction superbe paraissait une
ruine neuve. Elle respirait la lassi-
tude de l'entreprise désespérée et
non la joie de l'œuvre accomplie.

En huit jours, le jardinier a trans-
formé tout cela. Il a donné, instan-
tanément, l'idée de l'élégance, de
l'achevé et du luxe. Personne n'a
remarqué comment cela s'était fait ;
mais tout le monde a constaté que,
du jour au lendemain, c'était autre
chose. M. Picard n'a pu signer son
œuvre que du moment où le jardinier eut donné le dernier coup de

rateau, du moment où, autour du
froid lavis des architectes et des
ingénieurs, il eut posé, d'une main
légère, l'aquarelle des pelouses, des
massifs et des bosquets.

Et, depuis deux mois, le jardinier
continue à veiller : l'œil au guet et
fine oreille, il est attentif au moindre
détail, ayant toujours en main l'arrosoir et le pot à fleurs, toujours
prêt à boucher un trou, à combler un
vide, à effacer une tache. Et il en
sera ainsi jusqu'à la fin de l'Exposition, jusqu'au froid novembre où il
nous réserve encore le feu d'artifice
des chrysanthèmes ; toujours grave,
toujours silencieux; indifférent — du
moins en apparence — au silence de
la foule et même à la moue noncha-
lante des femmes, qui ne paraissent
pas s'apercevoir, coquettes, combien
il leur sied de fleurir parmi les fleurs.

Souvenez-vous, pourtant, de l'ac-
cueil que nous firent, il y a quinze
jours, et pendant quinze jours, les

4.

massifs de rhododendrons groupés entre les deux palais, près de la porte des Champs-Élysées. Se pouvait-il rien de plus somptueux et de plus délicat ? On eût dit une cour où des seigneurs Louis XIV, en grand apparât, vêtus de soie et couverts de plumes, rangés et massés à l'entrée, saluaient magnifiquement. Je ne doute pas que cette superbe symphonie des rhododendrons, digne d'être comparée aux chefs-d'œuvre de tous les arts, n'ait été décisive, quand le succès paraissait hésiter. Elle eut, d'ailleurs, le sort des choses vraiment belles : elle triompha et disparut. Aujourd'hui, elle n'est plus qu'un souvenir exquis au fond de la mémoire; elle y subsiste, délicieuse comme une composition fugitive qu'un Beethoven aurait jouée une fois et laissé tomber sans l'écrire, en la prodigalité de son génie.

D'ailleurs qu'importe au jardinier? Après cette page, d'autres. La nature n'est-elle pas là, inépuisable, et son art ne la renouvelle-t-il pas incessamment ? Il est le joaillier de la terre. Ses pierres ne coûtent rien ou sont sans prix : il les rapproche, les marie, les unit, les sertit, les fond, les polit, les monte, les étale, puis les rejette, insoucieux, après qu'il a épuisé, avec elle, toute la gamme des gemmes et des émaux triomphants.

Aujourd'hui, c'est l'heure des roses, des géraniums, des bégonias. Allez voir, dans les jardins qui entourent le Grand Palais, allez voir, dans les serres monumentales qui ornent les quais de leur dôme de verre, allez voir, tout autour des serres et jusque dans les coins les plus reculés de l'Exposition, le riche et somptueux tapis que les fleurs déroulent partout sous les yeux. Si vous entrez dans la grande serre, au jour où le décor nouveau vient d'être tendu, c'est un ravissement.

Rien ne peut exprimer la joie des sens à cette minute exquise. Une musique des parfums les plus délicats, nuancés et modulés infiniment, se respire et pénètre jusqu'à l'âme ; une sorte de volupté secrète descend, à la fois, de la vue et de l'odorat. Le mariage de la nature et de l'art donne des sensations si franches et si rares qu'on ne sait plus si c'est la nature ou l'art qui profère l'appel suprême. L'harmonie est complète et pénétrante comme d'un très beau tableau au-dessus duquel une âme voltigerait.

Ah ! qui pourrait décrire la nappe ensanglantée et flambante du géranium, roi des massifs ? Qui pourrait dire ses chairs, ses nacres, ses conques, ses rubis et ses pourpres ? Qui pourrait énumérer toute la série des feuillages : les caladiums, les dracœnas, les crotons, les anthuriums, piqués, tachetés, tigrés, marbrés, ourlés, frangés, dentelés, lancéolés, mouchetés ? C'est l'insurrection d'une troupe de roseaux brandissant des armes : flèches, lances, sabres, épées, bâtons, faux, faucilles, hallebardes, et jusqu'au thyrse du lierre ou de la clématite.

Il y a des masses magnifiques, comme, l'autre jour, au Trocadéro, l'armée des tulipes et des jacinthes escaladant les rampes du palais, enseignes au vent et bannières déployées.

Il y a des détails exquis, des coins délicieux comme ce jardin rocaille que M. Bouvard et M. Vacherot ont caché vers le souterrain qui, au temps de la construction, fit communiquer la Seine avec le chantier, et où sont groupées la délicatesse des fleurs alpestres et la richesse des plantes aquatiques à l'ombre des rochers moussus.

Arrêtez-vous devant les campanules, les clarkias et les iris qui font le tour de la grande serre. Ah ! les

iris ! quelles délices, quelle chaude
et mauve volupté, quel chant de
splendeur veloutée et profonde —
quels beaux yeux !

Et je n'ai pas dit les roses, ouver-
tes comme des lèvres. Je n'ai pas
dit l'œillet, fleur adorable, qui laisse
tomber de ses pétales pendants, avec
les parfums, les charmes naïfs et les
négligences subtiles de la grâce plus
délicieuse encore que la beauté. Je
n'ai pas dit les bégonias et les gode-
tias, rivaux des géraniums et qui
donnent le dernier coup de pinceau
à la gloire des massifs.

Je n'ai pas dit la douceur bleue
de nos jolies amies des champs, la
gaillarde vivace et le pied-d'alouette.
Je n'ai pas dit la gloire hautaine des
grandes et nobles familles : celle
des glaïeuls, dont l'infante la plus
récente et la plus délicate est, peut-
être, cette jolie « Reine-Wilhelmine »,
rose, douce et fraîche comme un
sourire de seize ans ; celle des dahlias,

si glorieusement parés et panachés,
maintenant qu'ils ont perdu leur
antique roideur ; ni, enfin, celle des
« cannas » qui, « feuillages » hier,
sont fleurs aujourd'hui et étalent,
sous des noms magnifiques, la
splendeur en fusion de leurs corolles
métalliques : l' « Incendie », le « Roi
des Rouges » et le « Rameau d'or ».

Il faudrait enfin raconter, telle
qu'elle est là exposée, l'odyssée des
plantes nouvelles, apparues, parmi
nous, comme des bêtes étranges : les
cactus et les plantes grasses, moro-
ses et hirsutes comme des hérissons,
le cruel népenthès, dont le piège
glauque et tigré est sans cesse tendu
au vol de la mouche et du papillon ;
le cyclopœdium, qui a un ventre
comme une sarigue ; l'oncidium, qui
a la sobriété et l'autorité d'une arme
de métal; le streptocarpus, dont la
feuille unique darde, de sa tige, une
langue fourchue et bleue ; et, par-dessus tout, il faudrait dire la glorieuse

et insolente histoire des orchidées.

Allez vous la faire expliquer au pavillon du Mexique. Vous verrez, là, comment naît, au tronc des arbres et sous la mousse des forêts vierges, le parasite informe et rustique qui deviendra la gloire des tables fastueuses. C'est une sorte de gui, en forme de noix striée, quelques boules indifférentes poussées les unes contre les autres. Mais le précieux paquet est arraché, transplanté, amélioré. La boule s'allonge comme un doigt, s'amincit comme une corne, se contourne comme une lanière, et, enfin, apparaît la fleur, d'abord modeste, qui, peu à peu, se transforme à son tour et devient le bijou inouï qui ajoute son orgueil à l'orgueil des fêtes millionnaires. Sur le linge des tables, parmi les argenteries et les cristaux, fraîches et roses comme les épaules roses qui les environnent, soutenant de l'éclat de leurs prunelles, l'éclat des autres prunelles qui les dévisagent, elles triomphent, les sauvages filles des forêts, extraordinaires parvenues, étincelantes, provocantes, insolentes.

Non, je ne vous aime pas, fleurs exotiques, fleurs ambitieuses, et je reposerai mon regard ami sur la famille savoureuse des légumes. Elle est défendue, — pour rire, — par l'affreux concombre serpent ; mais elle se familiarise vite. Elle sourit, avec la bonne figure réjouie de la pomme d'amour ; elle se grime sous l'amusante perruque de la chicorée frisée ; elle étale le bedon du melon, si « heureusement divisé en tranches pour être mangé en famille » ; elle brandit le bras de l'aubergine, elle se réjouit avec la bonhomie de la pomme de terre ; elle s'amuse avec la queue de rat ironique de la rave et, enfin, elle se dilate à l'idée des bons fricots promis par la démocratie des simples légumes de France : le petit pois fleuri, le haricot, la carotte et le banal navet.   5

Et ce n'est pas la centième partie
des trésors qu'a prodigués, le long
des quais du Paris de 1900, la sa-
vante et industrieuse corporation des
horticulteurs, des fleuristes et des
jardiniers. J'aurais voulu la signaler
elle-même, dire ce que j'ai su de ses
mœurs douces, de ses habitudes
familiales ; de ce bon air et de ce
grand air qu'elle recueille dans le
bon air et dans le grand air des ver-
gers et des champs. J'aurais voulu
dire les services qu'elle a rendus et
qu'elle rend. Elle a ses titres et ses
quartiers de noblesse. On dit que,
parmi les maraîchers des environs
de Paris, il en est qui, de père en
fils, remontent authentiquement à
Charles le Simple. On raconte sur
eux bien des histoires : celle par
exemple de ce Chatenay, jardinier
du roi Louis XV, qui, atteint de
la petite vérole, disparut quelque
temps, et puis revint en hâte, la
figure encore rouge de la maladie qui

l'avait défiguré. Louis XV le remarqua et lui dit : « Chatenay vous êtes magnifique. » Et le surnom lui resta de Chatenay « le Magnifique », dont les diverses branches de la famille se disputent encore, aujourd'hui, l'héritage.

Un nom seulement, celui de ce brave Régnier, figure fruste et âme passionnée, qui s'en alla jusqu'au Siam, jusqu'à Sumatra, jusqu'en Australie pour y découvrir quelque fleur nouvelle. Le nom de cet explorateur n'est ni dans les journaux, ni dans les livres, mais il a conscience de sa valeur. Il veille, lui-même, sur les beaux produits qu'il expose, et il montre, en l'abritant du creux de la main, comme s'il avait peur qu'elle s'éteignît, la flamme du bel œillet jaune qu'il a baptisé le « Triomphe de l'Exposition ».

Chez les jardiniers, sectateurs de Saint-Fiacre, chevaliers du sécateur et de l'arrosoir, il y a un grand

esprit d'union, de dignité et de soli-
darité. Non sans raison, ils se con-
sidèrent comme des ancêtres : car
l'arboriculture a précédé l'agriculture
et, quand il n'y avait pas encore de
champs et que le blé n'était encore
qu'un sous-lieutenant d'avenir dans
l'immense armée des graminées, il y
avait déjà, au fond de la forêt primi-
tive, des hommes astucieux et per-
spicaces, qui choisissaient les fruits,
remarquaient les bonnes espèces, les
séparaient, les cultivaient et les gref-
faient, peut-être, à l'aide d'un frag-
ment d'os ou de silex.

En tous cas, en France, les jardiniers se sentent bons Français. Encore une fois, ils ne font pas de bruit.
« Les jardins parlent peu », comme
dit l'autre. Mais ils arrachent à la
terre une valeur annuelle qu'on estime, officiellement, à un milliard de
francs. Leurs fruits, leurs fleurs, leurs
arbres se répandent sur tous les points
du globe et sont recherchés aux anti-

podes. Leur art est magistral. Les autres pays répètent souvent leurs leçons. Ce sont nos jardiniers qui ont sauvé la culture de la vigne en apprenant au vigneron l'art du greffage et de l'hybridation ; ce sont nos jardiniers qui sauvent notre agriculture, en donnant l'exemple de la méthode intensive et de l'usage des engrais. Notre Midi et nos colonies d'Afrique sont en train de multiplier les jouissances de l'homme par la culture des primeurs et des fleurs hâtives ; dans le Nord, les « forceries » ont renversé l'ordre des saisons, et mettent, en tous temps, sur les tables, le raisin, la pêche et le savoureux bigarreau.

Le jardinier est un philosophe et un psychologue. Il grimpe de la plante à l'homme et surprend le secret des sociétés par celui des massifs et des bosquets. Plus son règne s'étend, plus la richesse publique s'accroît, puisque son goût et son tra-

5.

vail font rendre à la terre dix fois
plus qu'elle ne rendrait en d'autres
mains. M. Zacharewitz affirme, dans
son livre sur le « Vaucluse agricole »,
que la culture de la fraise peut donner, bon an mal an, un bénéfice net
de 1.000 à 3.000 francs par hectare ;
celle de l'asperge tout autant ; l'arti-
chaut produirait 1.500 francs la première année et pourrait atteindre
5.000 francs, ainsi de suite. Je n'ose-
rais confirmer ou infirmer ces chiffres.
Je cite mon auteur. Mais on convien-
dra, du moins, que, s'il est un moyen
de rattacher à la terre le paysan et
de ramener vers elle le citadin, c'est
de développer en eux le goût de cet
art sain, élégant et, ce qui ne gâte
rien, rémunérateur.

C'était déjà l'avis de Virgile, qui
raconta si amoureusement l'aventure
apaisante du vieillard de Tarente.
C'était l'avis de notre La Fontaine :

Il aimoit les jardins, étoit prêtre de Flore,
    Il l'étoit de Pomone encore.
Ces deux emplois sont beaux...

C'est aussi l'avis, je m'en porte
garant, du président de la Société
des horticulteurs français, de mon
ancien collègue M. Viger. Car c'est
lui qui m'a appris à reconnaître les
richesses dont la modeste horticul-
ture a paré les splendeurs de l'Exposition, au cours de la promenade
trop prompte que j'ai faite, l'autre
matin, en sa compagnie et en celle
de l'érudit secrétaire de la Société,
M. Chatenay — Chatenay authen-
tique, et descendant, de père en fils,
de Chatenay-le-Magnifique.

IV

Le goût à la fin du XIXe siècle.

L'Exposition va disparaître. Demain, la volonté qui a créé détruira. La boue reprendra ce que la boue a livré. Les terrassements se feront en sens inverse. La brouette et le tombereau emporteront ce que le tombereau et la brouette ont apporté.

Une longue gestation, une vie très courte, une mort lente qui mêlera quelque regret à un réel soulagement, telle apparaît, déjà, la destinée, plutôt mélancolique, de cette splendide et singulière merveille où le dix-neuvième siècle a dit son dernier mot et

où le vingtième siècle a fait entendre
son premier vagissement.

Etant donné le grand spectacle
que nous venons d'avoir sous les
yeux, où en sommes-nous, au point
de vue du Goût? Renaissance ou décadence, voilà la question.

Le Goût est une attention cons-
tante à la Beauté. Les grandes époques de l'histoire de l'humanité ont
été, de l'avis universel, les temps où
le goût a été poussé à son extrême
raffinement. Le dernier mot de la
culture grecque est l'Atticisme, c'est-
à-dire la distinction naturelle dans le
goût le plus délicat. Au seizième
siècle, Balthazar Gracian, dans son
« Traité du Sublime », énumère les
qualités qui conviennent à un grand
Prince. S'inspirant des préceptes des
Italiens, d'après lesquels il écrit et
de l'exemple du roi d'Espagne, Phi-
lippe II, qu'il propose pour modèle,
il demande surtout, au souverain, un

« goût exquis ». Or, les peuples sont les souverains du moment.

Le goût vient de la race ; il vient de l'éducation. Mais surtout il tient à la vie ambiante. Il se forme du coup de coude que deux voisins se donnent en présence du spectacle qui émeut ou réjouit ; il naît du croisement des regards qui s'ignorent, du frisson qui court sur une salle de spectacle ou sur une foule assemblée, quand, soudain, passe la Beauté.

Le goût, c'est l'horreur du laid -- quoiqu'il y ait aussi de « belles horreurs ». Le monde s'évade du désordre et de la nuit pour s'élever à l'harmonie et à la lumière.

Il n'y a pour ainsi dire pas d'être animé qui ne se plaise à arranger, à embellir, à exalter ce qui l'entoure. On a tellement le sentiment que le caractère de chaque individu se traduit par son goût, qu'on dit, avec le proverbe : « Des goûts et des couleurs, il ne faut pas disputer. »

Le goût est une conscience. La vie
le forme ; ce n'est pas affaire de rai-
sonnement ; c'est affaire d'instinct
ou de culture supérieure. La conquête
du monde se fait par le goût, plus
sûrement peut-être que par les armes.
Les femmes le savent bien. Elles con-
sacrent leur existence à diverses oc-
cupations qui ne sont qu'une perpétuelle application et exploitation de
la faculté du goût, chez elles-mêmes
et chez les autres : la toilette et la
coquetterie.

Le goût chez les individus, est
tenace et souvent irréductible. Chez
les foules, il est, pour ainsi dire,
insaisissable. Il circule dans l'air, il
varie, il est mobile comme le vent. Il
a des règles, certes, mais elles échap-
pent. Elles prescrivent ce qu'il faut
ne pas faire, non ce qu'il faut faire.
Elles s'appliquent différemment, selon l'âge, les lieux, les circonstances.
Le recul du temps est, le plus souvent, nécessaire pour juger si, oui ou
non, elles ont été observées.

Les erreurs de goût des contemporains sont innombrables. Voltaire disait : « Enfin, nous avons un beau monument à Paris ! » Devinez ?... C'était l'église Saint-Roch ! Souvent, après des générations, le goût n'est pas encore fixé. On sait le dédain avec lequel le dix-septième et le dix-huitième siècles, qui furent, pourtant, des époques de goût, ont traité les chefs-d'œuvre de l'art gothique. Après cela, prononcez-vous, si vous l'osez.

Je veux encore faire, à propos du goût, quelques remarques qui nous ramènent, d'ailleurs, à l'Exposition. Le goût hésite toujours entre deux écueils : d'une part, l'originalité qui pousse à la singularité, à la mièvrerie, à l'afféterie, — Alphonse Daudet disait excellemment : « La recherche de l'expression fait tomber dans le paradoxe » ; — et, d'autre part, la banalité, sœur de cette étrange disposition des foules qui crée, régente et corrompt le goût : la mode.

La mode veut que le goût change,
et, pourtant, elle prétend lui rester
toujours fidèle. En insistant, elle le
tue. Elle fait, du goût, ce qu'elle
nomme « le bon goût ». Certainement,
l'artiste ne peut se dérober à la mode ;
car elle est la grâce mobile et fugitive de la vie contemporaine ; mais
s'il la suit de trop près, ses œuvres
passent et meurent avec elle.

Entre les deux écueils, les artistes
et les ouvriers parisiens, très intelligents, trop intelligents peut-être,
fuient surtout la banalité. Créateurs
ingénieux de la mode, ils craignent
de paraître s'y asservir trop longtemps. Ils inventent sans cesse, se
creusent la cervelle, travaillent, pé-
trissent, assouplissent, chiffonnent la
matière, pour en tirer des effets nouveaux. S'ils ne trouvent pas dans leur
propre fonds, ils prennent ailleurs,
sachant, d'avance, que leurs em-
prunts sont des conquêtes. Ainsi, ils
atteignent à cette grâce brillante et

6

chatoyante qui donne à leurs œuvres
un éclat fugitif qu'on leur reproche
parfois et qu'on leur envie souvent.
Par contre, ils se complaisent dans
cette perpétuelle et prestigieuse ingé-
niosité créatrice. Elle devient, chez
eux, tour d'esprit, habitude de pensée
et de main. Changeant et modifiant
sans cesse, ils ne restent plus fidèles
qu'à leur mobilité.

Or, ces tendances propres, ce génie
particulier, pouvaient-ils trouver jamais mieux à se satisfaire que dans
cette éphémère et brillante fête que
Paris voulait donner à l'esprit humain ? A ces créateurs, on prodiguait
la place et l'argent ; on leur laissait
carte blanche sur la conception et sur
l'exécution ; on leur promettait, d'ailleurs, un grand concours de foule et
une moisson d'honneur. Ils s'en sont
donné à cœur joie. Que penser, maintenant, du résultat ?

L'impression reste, tout au moins,
mélangée. Des idées superbes, à

peine réalisées, sont entrées dans
l'histoire. La grande percée de Paris,
par l'avenue Nicolas-II et par le pont
Alexandre-III, est une œuvre magnifique. On eût pu hésiter, avant de
l'entreprendre. L'idée de mettre, en
face l'un de l'autre, deux grands palais à colonnades était très discuta-
ble. On eût pu blâmer aussi, le parti
pris de tourner le flanc à la Seine et
de ne pas tenir compte de la magnifique disposition des lieux qui, par-
tant du fleuve, s'élève, de gradin en
gradin, jusqu'aux Champs-Elysées,
avec la belle lumière du soleil couchant qui éclaire les édifices de Gabriel. On pourrait critiquer le détail
des quatre pylones du pont qui arrê-
tent la vue, au milieu de la perspec-
tive et qui suspendent le regard, alors
qu'il voudrait fuir jusqu'au dôme de
Mansart. Mais, l'effet n'en est pas
moins simple, grandiose, émouvant.
Il n'est pas un visiteur qui, en péné-
trant dans l'avenue, ne reçoive un

coup dans la poitrine. Quand l'Exposition de 1900 ne laisserait que
cette merveille, son souvenir ne
périrait pas.

Que dire cependant de tant d'autres manifestations du goût contem-
porain, dans l'architecture, dans la
décoration, dans l'ameublement, dans
l'ensemble des arts appliqués qui en-
veloppent l'homme moderne et qui
l'assiègent de leur pressante sollicita-
tion ? Hélas! Hélas! pourquoi ne
pas reconnaître, après tant d'autres,
qu'ici, le dernier mot dit par nos artistes est loin d'être en conformité
avec les idées du public? Pourquoi
ne pas convenir que, dans notre impression à tous, il y eut de la décep-
tion ? Pourquoi ne pas constater
qu'un discord s'est produit entre
l'œuvre accomplie à l'Exposition et
les aspirations de tout ce qui, dans ce
pays, a l'esprit tourné vers ces pro-
blèmes ? Nous avons été souvent mal
compris. Le public marche vers la

simplicité, la tenue et la grâce. Certains artistes nous ont offert le spectacle de la recherche, de la complexité et de l'incohérence.

Disons-le franchement : l'art, à l'Exposition, n'a pas tenu notre foule démocratique en estime suffisante. Croyant plaire au vulgaire, il s'est vulgarisé. Il s'est trompé. La foule a plutôt suivi les délicats.

Les artistes, d'ailleurs, ne sont pas les seuls coupables. On leur disait, depuis longtemps : « Vous manquez de hardiesse et d'originalité ; vous n'avez pas su trouver le style de notre temps ; vous copiez, sans cesse, les modèles anciens ; vous vous endormez dans le poncif et le « déjà vu ». Donnez-nous du nouveau, n'en fût-il plus au monde. »

A la fin, ces reproches les ont touchés. Ils se sont creusé la cervelle ; ils ont jeté les vieux cartons de l'Ecole par-dessus les moulins ; ils ont pris le parti de ne reculer devant

6.

rien. Ils ont demandé à l'étranger des inspirations, parfois si étranges qu'ils n'eussent pu, assurément, les trouver dans leur propre fonds. A l'Allemagne, ils ont emprunté ses effets lourds, ronds et surchargés, son rococo moderne, cent fois plus prétentieux que l'ancien, et, par-dessus le marché, si profondément ennuyeux ! A l'Angleterre, ils ont emprunté le symbolisme lamentable, agressif et superficiel du « modern styl ». Dans l'art japonais, ils ont vu surtout les singularités mièvres des époques de décadence et ont négligé la grave et mâle autorité des modèles anciens qui, d'ailleurs, n'avaient pas paru en Europe avant l'admirable Exposition du Trocadéro. De tout cela, ils ont fait un mélange capricieux, ondoyant et flottant, une sorte de style « Loïe Fuller » qu'on nous a donné comme la conception suprême de l'art à notre époque. Eh bien ! non, franchement, ce n'est pas

cela. Encore une fois, nous n'avons
pas été compris et, si l'on voulait
nous plaire, il fallait trouver autre
chose.

Les foules ne s'y sont pas trom-
pées, et elles ont dit, à leur façon, ce
qu'elles pensaient de toutes ces belles
folies. Là où leur goût n'a pas été
satisfait, elles se sont abstenues, voilà
le plus clair des jugements et la plus
nette des critiques. Elles venaient
— surtout de la province — très bien
disposées, toutes prêtes à regarder,
à s'instruire et à s'amuser. Mais elles
n'en gardaient pas moins un fonds
de méfiance, avec ce souci du solide
et du durable qui est dans l'âme du
moindre de nos bourgeois et de nos
paysans. Elles se sont trouvées tout
à coup transportées au milieu de tant
de choses diverses, si neuves pour
elles. On prétendait les éblouir ;
mais elles ne se sont pas laissé faire.
Elles sont allées tout droit au beau
et au sérieux, négligeant, d'un rapide

dédain, le clinquant et le tape-à-
l'œil, tournant le dos aux effets de
réclame et de grosse caisse.

La faillite de l'Exotisme des Bati-
gnolles, l'insuccès noir de la rue de
Paris, la mise à l'envers du Manoir
à l'envers, voilà la leçon de goût
infligée par la foule à tous ceux qui
avaient spéculé sur sa crédulité, son
incompétence ou son ignorance. Elle
s'est montrée beaucoup plus avisée
et plus avertie qu'ils ne le pensaient.
Elle a passé près de leur boniment
sans entrer. Ils en voulaient à ses
deniers. Pas si bête. Elle les a gardés
dans sa profonde, attendant, pour les
prodiguer une meilleure occasion.

De cette leçon particulière, il s'en
dégage une autre qui vise plus haut
et qui peut servir d'avertissement à
notre école parisienne, si riche, si
douée, mais si prodigue de ses dons
et de ses richesses : l'heure des fan-
taisies brillantes et incohérentes, —
si jamais elle s'est levée dans notre

cher pays — cette heure est déjà passée.

Vous tous qui avez vécu parmi les leçons de l'école, vous le savez mieux que personne, rien ne s'improvise et même, à proprement parler, rien ne s'invente : l'art, comme la vie, n'est qu'une lente évolution et un long développement. Les architectes qui, pendant trois siècles, ont reproduit la même cathédrale gothique, en en modifiant seulement, peu à peu et très prudemment, certaines disposi-tions, ces architectes n'avaient nulle prétention à l'originalité ni au « style ». Pourtant, les monuments qu'ils ont élevés se sont imposés à l'admiration des siècles.

Les ébénistes et les tapissiers qui, au dix-septième siècle, reproduisaient indéfiniment, sur les consoles et les fauteuils à pied de biche, le même bouquet de roses ou la même guir-lande de fleurs, faisaient du « style Louis XV » sans s'en douter, comme

M. Jourdain faisait de la prose.Mais, moins ils avaient de prétentions, plus ils avaient de conscience, de savoir-faire, d'habileté de main, plus ils poussaient à ce fini et à cet achevé qui donne un tel prix aux œuvres qui nous restent de ces grandes époques.

Pourquoi en serait-il autrement aujourd'hui ? Chercher des idées et inventer des formes toujours nouvelles ; changer de style tous les dix ans ; modifier les proportions des fauteuils à chaque élection de Président; découper des tranches de melon pour en faire des coupoles ; mettre des clochers sur des colonnades et faire porter des piliers par des petits enfants jouant de la flûte, sous prétexte que cela ne s'est jamais fait — pourquoi tout ce labeur stérile ? Ce qui est absurde reste absurde, quoi qu'en disent ou qu'en pensent nos modernes esthètes.

De l'immense effort qui vient de

se produire, des parties excellentes resteront, et ce sont celles qui sont en conformité avec les traditions de mesure, de grâce, de pondération et d'adaptation au climat et à l'objet, que nos ancêtres ont élaborées lentement et qu'ils nous ont léguées. D'autres périront, ou plutôt elles sont déjà mortes. Allez voir leurs squelettes lamentables sur la place de la Concorde et en certains endroits de l'Esplanade des Invalides et du Champ de Mars. Mais, tout compte fait, cette vaste entreprise, qui va disparaître comme une maquette ou un décor, nous laissera parmi tant de souvenirs précieux, un avantage réel : c'est qu'elle nous débarrassera de la prétentieuse outrecuidance de l' « art moderne ». Il eût fallu vingt ans, peut-être, pour en épuiser le dégoût.

C'est fait en une fois. La cause est entendue. Tout ce qu'il y a de vain dans ces tentatives mort-nées va tomber, avec le carton-pâte et le ciment armé, sous la pioche des démolisseurs. Ces prétendus chefs-d'œuvre vont se remiser dans l'ombre d'où ils n'auraient jamais dû sortir. Parisiens, saluez les meubles de Maple! Vous ne les reverrez plus !

V

La rue, il y a cent ans : Ange Pitou.

Quelle curieuse physionomie que
celle de ce chanteur des rues, que
M. F. Engerand enlève au roman et
à l'opérette, pour en faire un joli portrait historique, encadré des référen-
ces les plus graves et des documents
les plus certains ! Un livre, un peu
fort, peut-être, pour un si mince
sujet — mais, en tout cas défini-
tif, — fait revivre la figure falote, et
pourtant si expressive, de ce personnage énigmatique qui, descendant
de Tabarin et de Gaultier Garguille,
fut le prédécesseur direct de Béran-

7

ger et l'ancêtre du Chat Noir. Voilà,
certes, une belle généalogie. Les
mœurs publiques françaises n'ont
jamais été à court d'une chanson,
et notre histoire, dans ses heures
les plus graves, a souvent arboré,
comme une cocarde, le bouquet de
Mimi Pinson.

Si l'on s'en rapporte aux récits
copieux (oh ! combien !) qu'il a faits,
lui-même, de sa propre existence,
cet Ange Pitou ne serait pas qu'un
simple chansonnier, mais bien une
sorte de héros méconnu, un dévoué,
un sacrifié, qui aurait donné sans
compter, son temps, sa peine, son
argent et sa vie à une cause qui,
après l'avoir mandaté et exploité,
n'aurait voulu rien reconnaître, ni
rien payer. Non pas Gil Blas, mais
Ruy Blas, voilà sa prétention. Son
historien qui le suit, pas à pas, dans
les phases souvent burlesques, parfois tragiques de sa singulière destinée, tombe lui-même un peu dans

l'apologie. Il fait d'Ange Pitou une
manière de martyr. C'est trop.

Le coureur de rues, d'anticham-
bres et de cafés, « l'orateur saltim-
banque » qui a mis la main dans
bien des affaires louches et qui avait
le pied dans plusieurs camps, fami-
lier des tripots et des clubs, dénonciateur de ses amis — parfois pour
les sauver — révélateur des complots
qu'il invente ou qu'il grossit, ami de
la police et des filles, voix perdue
souvent, et parfois entendue, dans
le bruit formidable que fait le peuple déchaîné des journées révolutionnaires, Pitou a beau se nommer
Ange, ce n'est pas un saint.

Né, aux environs de Châteaudun,
d'un père homme de peine, il fait de
vains efforts pour se rattacher à l'il-
lustre famille bourgeoise et parle-
mentaire des Pithou ; séminariste, il
vit quelques temps aux pieds de la
cathédrale de Chartres, et, entre
parenthèses, je me demande com-

ment la face livide et glabre de la
vieille Notre-Dame ne s'est pas voilée à voir grouiller, ainsi, dans son
ombre, ces singuliers vibrions, les
Pétion, les Chasles et les Pitou, que
ses séminaires dégorgèrent bientôt
sur la Révolution. De Chartres à
Paris, il n'y a qu'un pas, et le séminariste, en rupture de collet, y arrivait, sans sou ni maille, le 21 octo-
bre 1789, à six heures du matin, par
le rond-point des Champs-Elysées,
juste au moment où le peuple venait
de ramener dans la capitale le *bou-
langer*, la *boulangère* et le *petit
mitron*.

Il trouva, ce jour-là, son chemin de
Damas, à la rencontre qu'il fit d'une
bande populaire déchirant le cada-
vre d'un marchand qu'on traitait
d'accapareur ; du coup, il se sentit
royaliste pour la vie. Mais il était
homme d'activité et d'entregent, et
sa conviction n'était pas de celles
qui restent sous le boisseau. Il n'était

pas d'un mois à Paris que, grâce à
des relations habilement créées
avec Brune, le futur maréchal de
l'Empire, on le bombardait journaliste.

Quelques semaines plus tard, il
lançait une brochure qui eût voulu
être retentissante et où il prenait la
défense du marquis de Favras. La
reine Marie-Antoinette aurait eu le
libelle entre les mains. Frappée de
la violence des opinions royalistes
dont l'auteur faisait étalage, elle
aurait demandé à voir le jeune Pithou
de Valenville (c'est ainsi qu'il s'appelait pour la circonstance). Elle aurait reçu en secret l'audacieux adoles-
cent, lui aurait remis son portrait en
miniature et un billet où elle l'enga-
geait à travailler, désormais, au
maintien de la monarchie et au ren-
versement des factieux.

C'est sur cette entrevue hypothé-
tique et sur ce mandat qu'on n'a
jamais vu, qu'Ange Pitou fonda

7.

toute sa prétention d'avoir été un
« agent spécial et secret du roi de
France »; c'est, en tout cas, cette
mission, réelle ou imaginaire, qui
décida de toute sa vie.

Ce qui est certain, c'est qu'il fut
mêlé à tout ce qui se fit pendant la
Révolution dans le sens d'une agita-
tion contre-révolutionnaire. Que la
reine ait été jusqu'à recevoir, elle-
même, le gamin facétieux et empha-
tique dont le dévoument imberbe
n'était attesté que par quelques
pages de mauvaise prose, c'est si
fort, qu'on peut le mettre en doute;
mais ce qu'on ne peut nier, c'est
qu'Ange Pitou fut un des agents les
plus actifs de la cause, et que la police
révolutionnaire le trouve toujours,
fluide et fuyant comme une couleu-
vre, dans tous les coins où il se com-
plote vaguement quelque chose pour
le retour des Bourbons.

Elle le trouve d'autant mieux que,
souvent, c'est lui-même qui la ren-

seigne. Il affirme, d'ailleurs, que
c'est par habileté et par zèle, pour
pouvoir déjouer ceux qu'il avertit et
sauver ceux qu'il signale. Et cela,
encore, est bien possible. Car dans
la tourmente, les orages se succèdent
si vite qu'on ne sait jamais dans
quel sens on navigue, ni si on est,
ou non, du même bateau.

Ce sont de perpétuelles sautes de
vents. Amis de la veille, ennemis du
lendemain ; souvent réconciliés dans
une même charrette qui emmène le
dénonciateur et le dénoncé, la vic-
time et le juge.

Journaliste voilé et audacieux,
spectateur actif, mais prudent, de
toutes les grandes scènes révolutionnaires, accouru près du roi au
10 août, mais disparu au bon moment, agent des Vendéens pour lesquels il achète, en plein Paris, des
fusils et des armes, « de quoi rem-
plir la place Vendôme, jusqu'au premier étage », Ange Pitou est, en

même temps, le collaborateur attitré
des journaux révolutionnaires les
plus violents, et — peut-être dans
la pensée de dégager plus tôt, par
l'excès du mal, le remède — il se
fait le concurrent des Père Duchesne
et des Babœuf.

On soupçonne son double jeu.
Vingt fois il est arrêté, vingt fois
il échappe. Sa plume lui rapporte
quelque argent. Il se croit riche ; il
dépense sans compter. Il avance
des sommes qu'il dit énormes à la
cause royaliste. Il manigance avec
un certain Molette, agent des Vendéens, et, plus tard, avec La Vil-
leurnoy, avec l'abbé Brothier. Et ce
sont de pareilles gens qui songent à
enrayer la formidable chute de l'ava-
lanche révolutionnaire ! Quelle pi-
tié !

Pour les chefs qui tramaient, de
loin, ces complots enfantins où ils
exposaient si inutilement tant de
braves gens, pour ces émigrés du

dedans et du dehors, pour ces pseudo-
Machiavel, machinateurs de combi-
naisons mort-nées, avaleurs d'alouet-
tes toutes rôties et croquemitaines
du coup d'Etat, je ne connais pas de
satire plus sanglante que la page à
eux consacrée dans cette biographie
sincère d'un chansonnier.

Ange Pitou, futé, rusé, amusant
et amuseur, souvent dupeur et souvent dupe, comparse encombrant,
mouche du coche où il y a du mou-
chard, apparaît presque comme un
personnage intéressant, parmi ce
personnel d'ataxiques prétentieux et
gobeurs. Du moins, il a, lui, quelque
suite dans les idées, de la bonne
humeur et de l'à-propos. Paysan
dunois, séminariste chartrain, la
race goguenarde et impatiente du
repos se révèle en lui, à tout moment.
Il faut qu'il se montre, il faut qu'il
s'expose, ce « petit homme alerte et
déluré, au visage un peu poupin,
aux longs cheveux frisés, aux yeux

admirables et de ce type particulier
qui plaît aux femmes ».

Et puis, il chante. Et qui n'aurait, en Gaule, quelque indulgence
pour l'alouette qui jette son *tireli*,
au gai matin — pour le plaisir, sans
en savoir si long et sans en deman-
der davantage?

Voilà notre homme. Dans sa mi-
sère et dans son besoin de s'ébrouer,
il a inventé le moyen de gagner sa
vie et de se faire valoir : il chante.
Il chante, dans la rue, dans les car-
refours, sur les places publiques, surtout devant Saint-Germain — d'où
son sobriquet de l'*Auxerrois*. Le
peuple l'accueille, lui fait fête, l'applaudit, l'interrompt, le bisse, le
coupe, le reprend, lui réplique, fait
âme et voix avec lui. C'est le chœur
antique. Les femmes l'acclament, lui
jettent des fleurs, le veulent. Il a
toujours trois domiciles, « trois lits »,
comme il dit en riant, et il dépiste
les agents, sans s'inquiéter, le jour,

de savoir où il couchera le soir.

Que valent ses chansons ? Aujour-
d'hui froides, mortes, filles de l'occasion qu'un siècle a fanées ; mais,
alors, vivantes, alertes, frémissantes
et de jolie frimousse, comme la Mer-
veilleuse demi-vêtue qui, de son
binocle, dévisage les passants et,
d'un geste leste, franchit le ruisseau.
La voici, il la peint lui-même :

> O charmante Merveilleuse,
> Mère du divin amour,
> De votre taille amoureuse
> Rien ne gêne le contour ;
> De votre robe à coulisse
> Les plis sont très peu serrés ;
> C'est pour faire un sacrifice
> Que vos bras sont retroussés ?
>   Talons à la cavalière,
> Boucles et souliers brodés,
> Bottines à l'écuyère
> Ou bien à coins rapportés.
> ...Mais vos perruques frisées
> Tout comme un poil de barbet
> Ne sont donc plus couronnées
> Par des chapeaux à plumet ?

Et voilà le pendant, le joli mus-
cadin :

> En vous, tout est incroyable,
> De la tête jusqu'aux pieds :
> Chapeau de forme effroyable,
> Gros pieds dans de petits souliers.
>
> . . . .
>
> Botté tout comme un saint George,
> Culotté comme un Malbrouk,
> Gilet, croisant sur la gorge,
> Epinglette d'or au cou ;
> Trois merveilleuses cravates
> Ont bloqué votre menton,
> Et la pointe de vos nattes
> Fait cornes sur votre front.

N'est-ce pas à croquer ? Voilà
toute l'inspiration du chanteur. Trait
vif, tournure dégagée ; cela ne va
pas loin ; mais, enlevez, c'est pesé.

Et quand la politique s'en mêle, et,
avec un brin d'audace, le mépris du
danger, et la nargue à la police,
le badaud parisien applaudit et
s'ébaudit :

> Républicains, aristocrates,
> Terroristes, buveurs de sang,
> Vous serez parfaits démocrates
> Si vous nous rendez notre argent.

Et comme la crise est urgente,
Il faut vous conformer au temps
Et prendre tous une patente
Pour devenir d'honnêtes gens.

Notre homme en fit tant, qu'à la fin, il ne put échapper et le merle siffleur, le moineau des toits, le joli fils, fut pris et mis en cage. Les passions politiques sont implacables. La guillotine était abolie ; on était sous le Directoire. Mais il restait la « guillotine sèche » et Ange Pitou fut envoyé à Cayenne.

La vie qu'il y mena parmi des prêtres, des révolutionnaires plus ou moins fructidorisés, est une page de roman. Voilà notre Gil Blas devenu un bien triste Robinson. Il survécut pourtant, — tandis qu'autour de lui ses compagnons tombaient comme des mouches, — grâce à sa bonne humeur, à son esprit de ressources, à son entrain toujours riant, toujours chantant et qui désarmait jusqu'à ses geôliers.

Il revint en France ; et Bonaparte

8

qui l'avait vaguement connu, eut,
pour lui, quelque indulgence. L'aigle
n'avait que faire du roitelet. Il le
laissa vivre et picorer. C'est même
un des bons tours d'Ange Pitou
d'avoir obtenu quelque argent de
l'empereur, en récompense des services qu'il avait rendus à la cause
royale. Le grand homme avait de
ces originales solidarités.

Tout au contraire, pour son fidèle
serviteur, la royauté restaurée fut
ladre. Elle ne lui donna pas même
un os à ronger. A un moment, des
commissaires royaux et le ministre
Daru reconnurent qu'on lui devait
plus d'un million de francs. Mais là
se borna la reconnaissance.

Fort de cet aveu, Pitou réclama
pendant trente ans, avec autant
d'obstination qu'il en avait mis à
défendre la cause de ces ingrats. Ils
ne voulurent rien entendre. Il mou-
rut en 1846, à soixante-dix-neuf ans,
pauvre comme Job, ivrogne et muet,

lui qui avait tant écrit, tant parlé et
tant chanté. On l'enterra à Montpar-
nasse, dans la fosse commune.

———

VI

Le Livre.

« Les ouvriers typographes racontent ici, à qui veut les entendre, que c'est un nommé Jean, dit Gutenberg, qui, le premier, a inventé aux environs de Mayence, l'art de l'Imprimerie, par le moyen duquel on fait maintenant des livres, non à l'aide d'un roseau, comme les anciens, ni à la plume, comme de nos jours, mais avec des lettres de métal, vite, bien et correctement.

« Un tel homme mériterait d'être porté aux nues par les poètes, par les artistes et par la voix de tous les

amis des livres. On a bien divinisé
Bacchus et Cérès pour avoir appris
à l'humanité l'usage du vin et du
pain ; mais l'invention de Gutenberg
est d'un ordre supérieur et plus divin ;
car il a gravé des caractères à l'aide
desquels tout ce qui se dit et se
pense peut être écrit, transmis et
conservé à la mémoire de la posté-
rité ».

Telles sont les propres paroles
d'un des hommes qui introduisit l'imprimerie à Paris, Guillaume Fichet.
Il adresse cette lettre à son ami
Robert Gaguin « aux calendes de
janvier », c'est-à-dire le 31 décembre
1470, en lui dédiant le deuxième
livre imprimé à Paris et contenant
une dissertation sur l'orthographe
latine ; — car on dissertait déjà sur
l'orthographe.

Depuis lors, il a coulé de l'eau
dans la Seine et de l'encre dans les
imprimeries. Bacchus et Cérès avaient
déjà perdu de leurs adorateurs. Guten-

8.

berg n'en a pas trouvé. De son vivant, on l'a quelque peu mis en pri-
son : et cela s'explique. Il changeait
les habitudes établies ; et puis, son
cas était louche. Le livre imprimé
n'était, en somme, qu'un faux ma-
nuscrit. Gutenberg, n'expliquant pas
son secret, on n'était pas loin de
penser qu'il y avait, là-dessous,
quelque manigance diabolique. En
outre, il trompait sur la nature et la
qualité de la marchandise : ces ouvrages, qu'il multipliait à l'infini par
un procédé nouveau, avaient l'air
d'être écrits à la main. Il prenait
soin, d'ailleurs, de dissimuler la
régularité nouvelle et l'identité des
exemplaires entre eux sous des ru-
briques, des en-tête, des enluminures
qui leur donnaient, à première vue,
l'aspect des anciens livres.

Gutenberg eut donc le génie de la
contrefaçon, et c'est par là qu'il fut un
grand inventeur. C'est par là qu'il a
révolutionné le monde, le jour où,

brisant les planches des vieux xylo-
graphes, il a isolé les caractères en
fonte et les a rendus mobiles. L'astucieux ouvrier travaillait au fond
d'une cave ; car il n'avait pas de
réduit assez obscur pour cacher et
protéger la semence et la gestation
de l'industrie nouvelle qui allait
étendre ses rameaux jusqu'au bout
de l'univers.

Donc, Guillaume Fichet et son
camarade La Pierre — qui avait les
yeux mauvais et qui ne lisait qu'avec
des besicles — eurent, à leur tour,
l'idée de transporter à Paris l'art de
l'imprimerie, nouvellement découvert
sur les bords du Rhin. Comme les
caves paraissaient favorables à ce
terrible bouillon de culture, on ins-
talla, dans celles de la Sorbonne, les
premiers ouvriers venus de Strasbourg
et de Mayence à Paris, et ils commencèrent alors, sous la main de
Messieurs de l'Université, la série
des admirables impressions pari-

siennes qui remonte au temps du roi
Louis XI et qui, au cours de quatre
siècles, ne s'est jamais interrompue.

Mais il faut noter encore que,
comme le prieur de la Sorbonne,
Jean de La Pierre, « Magister Jo-
hannes de Lapide », avait, ainsi que
nous l'avons dit, les yeux mauvais et
qu'il craignait de les abîmer, il fit
choix, pour les impressions qu'il diri-
gea, « d'un gros caractère rond, très
lisible, ne fatiguant pas les yeux, au
lieu de faire copier la lettre de forme
gothique en usage sur le Rhin et
même à Paris ». Si bien, que toute
l'école obéit indéfiniment à ce coup
de barre magistral donné, dès le dé-
but, et que l'imprimerie française,
orientée vers le caractère rond, re-
nonça à la lettre gothique, à la fois
aigüe et confuse, et qu'elle rechercha,
pour ses œuvres, l'aspect net, souple
et élégant, qui les distingue encore
parmi les productions rivales.

Ces précieux détails remplissent

d'aise l'âme des bibliophiles. Car ils vivent de pareilles minuties et la petite bête est leur bête favorite. Je ne les ai pas moi-même inventés ; je les ai trouvés dans l' « Histoire de l'Imprimerie en France » que l'Imprimerie Nationale fait paraître, et dont elle est en train de faire le plus beau livre, peut-être, que l'art typographique ait produit de toute notre génération.

Rien qu'à voir ce monument, où revit toute la gloire des Du Pré, des Vascosan, des Estienne et des Didot, on se sentirait pris de passion pour le grand art qui, chargé de répandre la pensée humaine et vivant en contact perpétuel avec le génie, n'a pas cru s'honorer trop en s'entourant de tout ce que la civilisation a produit de plus parfait.

Le « beau livre » tel que l'ont conçu les grands imprimeurs, tel que l'ont recherché les grands amateurs des siècles passés, tel qu'il figure aujourd'hui encore dans les ventes célèbres, est un objet de luxe et un objet d'art si raffiné que, peut-être, il n'en est pas de plus exquis. Vêtu de peau, comme un être vivant, portant sur les plats de sa reliure, l'or, l'argent et les gemmes, ornant sa tranche soit de la pourpre sanglante, soit de l'opulence des vieilles dorures ciselées parfois comme des armures, s'il s'ouvre, il évoque, par le moindre de ses détails, l'alliance du génie qui l'a conçu et du goût qui l'a réalisé.

Dès le premier jour, il est sorti de la main de ses inventeurs à l'état de chose parfaite. Parmi les beaux livres, il n'en est pas de plus beau peut-être que la fameuse Bible de Gutenberg. Les premiers ouvrages dus au labeur patient et réfléchi des anciens imprimeurs sont presque tous hors de pair. C'est que ces hommes ne touchaient qu'avec une sorte de respect à ces chefs-d'œuvre de l'esprit humain qu'ils avaient en-

trepris de révéler aux foules : ils
eussent craint de gâter, par un détail
vulgaire, la noble idée qu'ils se faisaient de leur mission. Les premiers
libraires-imprimeurs, étaient, presque tous, des savants, quelquefois
de très nobles esprits. L'érudit et
modeste auteur de « l'Histoire de
l'Imprimerie en France », M. Clau-
din, rappelle ce type. Il raconte leur
histoire avec une chaleur et une pré-
cision qui permettent de pénétrer à
la fois le secret de leurs affaires et
celui de leurs âmes. Ils se sentirent,
pendant longtemps, des instructeurs,
et des propagateurs. Ils faisaient de
très beaux livres parce qu'ils voulaient donner le goût des très belles
choses.

Voyez les impressions des Guy
Marchant et des Galliot du Pré.
Voyez les illustrations du « Calen-
drier des Bergers » et de la « Légende
Dorée » ; penchez-vous sur le travail
de ces « Heures » admirables où la

vie de l'homme est décrite minu-
tieusement en petits tableaux pé-
nétrants et précis ; considérez l'affreux carnage de la Mort parmi les
hommes tel que l'a dessiné à satiété
le xvıᵉ siècle, avec le corbeau noir
qui pousse dans les branches, son
terrible « *cras, cras* » : « demain,
demain » ! Admirez l'imagination
si simple et si puissante de ces premiers imprimeurs, qui eussent voulu
résumer en une seule page tout le
savoir antérieur pour le répandre à
profusion ; tâchez de pénétrer le
mystère joyeux et sombre de cette
grande époque qui s'appela, elle-
même, la Renaissance, et vous verrez qu'une telle Révolution ne put
s'accomplir que par la découverte
et le perfectionnement de l'art d'imprimer, tandis que la vue du livre
suffirait à elle seule pour tout expliquer.

Le xvııᵉ siècle, satisfait et assagi,
poursuit, dans la belle ordonnance

des impressions faites au Louvre,
dans la noblesse proportionnée des
in-quarto où paraissent nos premiers
classiques, dans l'élégance et la
tenue des maroquins dont les Ruette
et les Boyet couvraient les dos et les
plats, l'idéal de bon goût et de bon
ton que la cour de Louis XIV en-
seigne à l'Europe.

Le XVIIIe siècle rit et s'amuse dans
le moindre des culs-de-lampe des
Eisen, des Marillier et des Moreau-
le-Jeune. Il lance impudemment,
comme ses plus beaux livres, les
« Contes de la Fontaine » des Fer-
miers Généraux et les « Baisers » de
ce Dorat qui ne pouvait, comme on
disait, « se sauver que de planche
en planche ». Il les couvre de la dentelle éclatante des Derôme et des
Padeloup. Il revêt effrontément, des
« Trois Tours » de Madame de
Pompadour, aussi bien les livres de
jadis que les livres du jour. J'ai sous
la main le « Discours de l'Histoire

Universelle » de Bossuet qui appar-
tint à la célèbre marquise. L'ouvrit-
elle souvent ? Il ne paraît pas. Il est
vrai que j'ai aussi son Boccace et
qu'elle ne paraît pas l'avoir ouvert
davantage. La science dont elle
avait l'usage ne s'apprend guère
dans les livres.

Le livre était, dès cette époque, un
objet de luxe et de haute curiosité.
On le pomponnait comme une belle
dame, et quand un relieur du dernier
galant avait couvert d'une dentelle
sans prix tel beau volume offert à la
reine Marie-Antoinette — et qui se
paye aujourd'hui vingt mille francs
dans les ventes — il croyait avoir
atteint les dernières limites de son
art. En réalité, il les avait dépas-
sées et il avait substitué au livre un
bibelot.

Mais le livre ne manquait pas à
son autre mission. Qu'il orne les
boudoirs à la mode, entre les boîtes
à mouches et le fer à friser, fort bien.

Mais, il faut surtout qu'il atteigne
les foules. Au cours du XVIIᵉ siècle,
s'était fait la grande scission qui
devint, désormais, toute son histoire. D'une part, le volume riche,
noble, élégant ou raffiné fait pour
les délicats. D'autre part, les publications maniables et à bon marché
pour la masse des lecteurs. Il y a le
livre de luxe ; il y a le livre de com-
bat.

La République de Hollande, en
ouvrant ces officines, et notamment
celle des Elzévirs, donne un élan
décisif. Tout le monde peut désormais avoir en poche tel auteur de
l'antiquité ou tel pamphlet contem-
porain. Vêtu de bon vélin, caché
et comme renfermé dans sa boîte à
recouvrement, toujours prêt et sous
la main, c'est un compagnon pour
les longs voyages, sûr, robuste et
doux, une ressource pour les duels
de l'esprit ; d'autre part, toute l'armée des in-8° et des in-12, bien

sanglée et ceinturée dans le veau
fauve ou marbré, se lève, pendant
tout le xviiie siècle, en masse com-
pacte et, comme les bataillons pres-
sés du Tiers-Etat, monte à l'assaut
de tous les pouvoirs.

Les choses en sont là, quand la
Révolution éclate. Elle a d'autres
choses à faire que de s'occuper du goût
des livres. Elle est en pleine bataille. Le livre fait comme elle.
Pressé d'aller vite et de frapper fort,
il se débarrasse de tout ce qui le
gène, comme un soldat jette son sac
à l'heure de la bataille. Il laisse sa
reliure encombrante, arme l ourde et
défensive et, tout simplement bro-
ché, il s'élance, à demi-nu, en che-
mise et sans culotte.

L'ordre renaît ; et, avec lui, un
goût nouveau, un luxe facile, instable, superficiel : Bradel fait ses
légers cartonnages.

Une fois la paix sociale rétablie, le
siècle hésite. Deux voies s'ouvrent

devant lui, celle du retour aux choses
consacrées, celle de la marche vigou-
reuse dans le sens de la démocratie.
Un instant, il se tient au compromis
de 1830 et « à la meilleure des Répu-
bliques ». Le livre de même : il
tâtonne, et, finalement, il devient
ce quelque chose d'hybride, ni chair
ni poisson, pas assez coûteux pour
être beau, trop cher pour le peuple :
le livre à deux faces, in-octavo pour
l'amateur qui n'en a pas pour son
argent, in-12 pour le fretin des lecteurs qui paye encore trop pour ce
qu'on lui donne. C'est cette combi-
naison qui, après un nouvel avatar,
aboutit au livre « classe moyenne »
par excellence, au type bourgeois
s'il en fût, au format Charpentier.

Nous avons vécu cinquante ans
sur cette formule. Les grandes maisons, les Didot, les Curmer, les
Hachette, les Mame, les Delagrave
défendaient encore, il est vrai, par
de magnifiques publications, l'hon-

neur de la bibliophilie française.
Mais leurs beaux livres étaient trop
beaux, si j'ose dire; ils avaient l'air
trop riches, trop splendides. Et, en
dehors de cette élite, tout était adul-
téré : mauvaise impression, mauvais
papier, mauvais cartonnage.

Aujourd'hui, le problème se pose
d'une façon instante. La librairie se
plaint très haut. Déjà Balzac faisait
observer, du temps où il publiait
« *Madame de la Chanterie*», que
c'était le plus instable des commer-
ces. » Récemment, la librairie a cru
prendre une mesure de salut en
élevant le prix du livre. Le vieux
volume « Charpentier » a été porté
à trois francs, prix net. On parle de
le mettre bientôt à trois francs cinquante.

La solution n'est pas là. Le vrai
concurrent du Livre, c'est le Journal. Et le Journal réussit parce qu'il
est très bon marché. La démocratie
veut le Livre à bas prix, comme elle

veut le vin à bas prix. Le remède à
toutes les « méventes » est là. Tant
qu'on ne l'aura pas compris, on
pataugera.

Donc, à l'avenir, selon moi, deux
sortes de livres : le livre de luxe, parfait, soigné, caressé, avec des reliu-
res exquises, des gravures splendides, en un mot, le livre d'amateur,
tiré à petit nombre. Et, d'autre part,
le livre très bon marché, le livre
« populo », le livre à un franc, même
le livre à six sous, à cinq sous, à
trois sous. A trois sous? Parfaite-
ment ; ces messieurs peuvent le
faire s'ils veulent et y gagner encore
de l'argent. Témoin les journaux
qui donnent, parfois, au public la
matière d'un volume, et qui, de plus,
le distribuent en ville, le mettent à
la poste pour les abonnés, et con-
fectionnent le tout, en grande hâte,
au plein cœur de Paris, avec des
machines extrêmement coûteuses ;
tandis que le libraire pourrait prendre

son temps et travailler en morte
saison.

Le livre devenant une sorte de journal plié et cousu, pouvant se conser-
ver et faire série, tels est l'avenir du
Livre démocratique moderne. C'est
par lui que la science non seulement
pénètrera, mais se conservera dans
la dernière de nos bourgades. Le
paysan et l'ouvrier savent lire maintenant. Mais il faut qu'ils aient de
quoi lire. Ils veulent autre chose que
des almanachs. Le grand imprimeur
de demain sera celui qui saura mon-
ter leur bibliothèque.

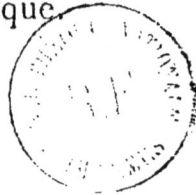

TABLE DES MATIÈRES

ACHEVÉ D'IMPRIMER

A LAVAL

le Lundi 1er Avril 1901

SUR LES PRESSES DE

L. BARNÉOUD & Cie

POUR

H. DARAGON, Libraire

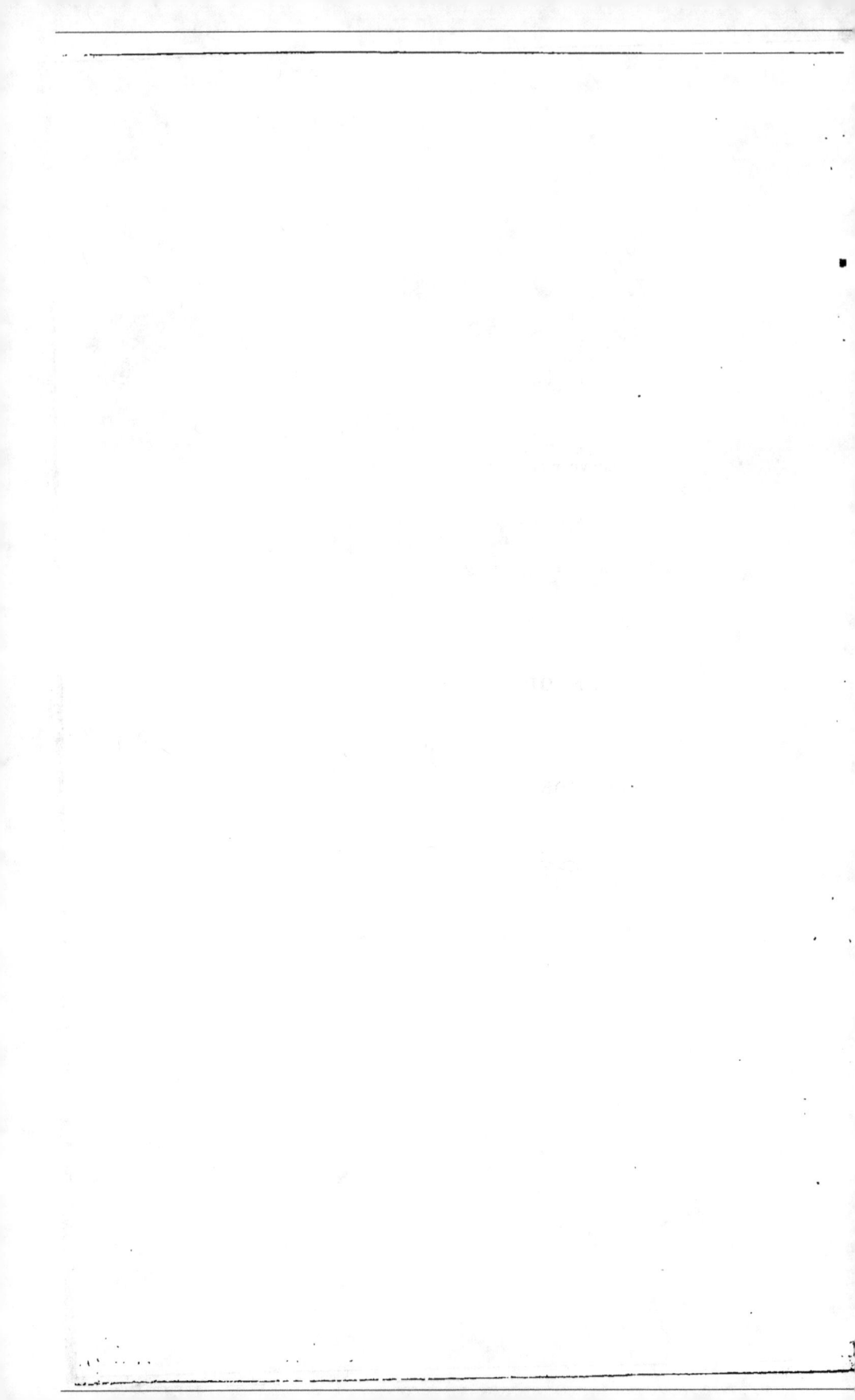

www.ingramcontent.com/pod-product-compliance
Lightning Source LLC
Chambersburg PA
CBHW052045270326
41931CB00012B/2633